Sina Nuêmo

Kinderhoroskop für die Drittgeborene

Sina Nuêmo

Kinderhoroskop für die Drittgeborene

Eine emotional empfindsame und feinfühlige Persönlichkeit

Goldene Rakete Verlag für Belletristik

Imprint

Cover image: www.ingimage.com

Publisher:
Goldene Rakete Verlag für Belletristik
is a trademark of
International Book Market Service Ltd., member of OmniScriptum Publishing Group
17 Meldrum Street, Beau Bassin 71504, Mauritius

Printed at: see last page
ISBN: 978-620-2-44456-9

Inhaltsverzeichnis[1]:

[1] Vgl. Liz Green und Astrodienst AG.

I. Der psychologische Typus Ihres Kindes

1. Einfühlsames Eingehen auf die Bedürfnisse anderer

Im Innersten ihrer empfindsamen und feinfühligen Persönlichkeit gibt es ein tiefes Bedürfnis nach Zusammengehörigkeit und emotionalen Beziehungen zu anderen Menschen. Dieses Bedürfnis, sich mit anderen auf der emotionalen Ebene zu treffen, wird schon früh in ihren fein abgestimmten Reaktionen auf die Gefühle der Menschen in ihrer Umgebung sichtbar werden – sie reagiert sogar auf emotionale Strömungen in der Familie, die unbewusst sind und daher nicht zum Ausdruck kommen. Sie besitzt ein angeborenes Mitgefühl und will, dass sie gebraucht wird. So übernimmt sie möglicherweise schon früh eine Art Elternrolle, kümmert sich um jüngere Geschwister und will jeden Hund und jede Katze mit nach Hause nehmen, die ihr über den Weg laufen. In der Schule wird sie ein ganz natürliches Mitgefühl für den Sündenbock in der Klasse haben. Sie liebt es, anderen zu helfen, und sie möchte niemandem weh tun. Diese schöne Eigenschaft sollte niemals ausgebeutet werden. Die Eltern und andere Familienmitglieder müssen möglicherweise darauf achten, dass sie ihre Großzügigkeit nicht ausnützen und sie für ihr eigenes Wohlbefinden verantwortlich machen, denn sie wird diese Verantwortung – zu ihrem großen Nachteil – übernehmen, ohne viel zu fragen.

Wie jedes andere Kind braucht sie Zeit und Platz für sich selbst, doch sie kann dies nur schwer einfordern, weil sie Angst hat, abgelehnt oder allein gelassen zu werden. Da ihr die Gefühle anderer so wichtig sind, wird sie wahrscheinlich ihre eigenen Bedürfnisse unterdrücken, um die der anderen erfüllen zu können. Sie besitzt einen seltenen Charme und eine natürliche Fähigkeit, die Verstimmungen anderer auszugleichen und zu besänftigen. Dies sind wunderbare Gaben, die respektiert und nicht einfach hingenommen werden sollten. Die Erfahrung der Zugehörigkeit zu einer größeren Gemeinschaft – zuerst zu ihrer Familie und später zu einem engen Freundeskreis – wird sie froh und glücklich machen, doch ebenso braucht sie die Ermutigung, ihre eigenen Werte zu erkennen und zu äußern. Sie sollte daher niemals in die Rolle der Familienseelsorgerin gedrängt werden, auch wenn sie sich immer wieder freiwillig dafür anbietet.

2. Der Kampf um Unabhängigkeit

Ihre größte Schwierigkeit besteht sehr wahrscheinlich in einer zu starken Abhängigkeit von der Liebe und Zustimmung anderer. Ihr empfindsames und stark intuitives Wesen macht ihr sehr deutlich bewusst, wie andere sie wahrnehmen, selbst wenn sie es zu verbergen suchen. Folglich verwendet sie vermutlich viel Zeit und Mühe darauf, liebevolle und bestätigende Reaktionen von ihren Eltern und anderen Familienmitgliedern zu bekommen. Doch die Stimmungen und Bedürfnisse dieses Kindes bilden einen Kreislauf, und es wird immer wieder einmal nötig sein, dass sie sich zurückzieht, um sich zu erneuern und ein deutliches Identitätsgefühl in sich selbst zu entdecken. Das zyklische Wesen ihrer Stimmungen zeigt sich wohl schon seit den ersten Wochen seines Lebens – ihre für gewöhnlich glückliche und freundliche Natur kann plötzlich umschlagen und ohne sichtbaren Grund in sich gekehrt und verdrießlich sein. Wenn es nicht gerade daran liegt, dass sie frische Windeln braucht, einen neuen Zahn bekommt oder Verdauungsbeschwerden hat, müssen die Eltern solche Stimmungen wohl einfach als Teil ihres Wesens akzeptieren. In Wirklichkeit zeigen ihre Stimmungswechsel das starke Bedürfnis, mehr innere Unabhängigkeit zu erreichen – erst von ihren Eltern, dann von Freunden und Lehrern, die als einzige Quelle der Liebe und Zustimmung alle eine viel zu große Bedeutung angenommen haben könnten. Sie muss lernen, sich selbst zu schätzen und zu bestätigen, ohne dabei auf ständige Rückmeldungen angewiesen zu sein. Diese Notwendigkeit – die sie so früh im Leben wahrscheinlich nicht als solche erkennt – äußert sich in ihren plötzlichen Stimmungsumschwüngen.

Es wäre sehr hilfreich, sie im Laufe seines Heranwachsens dazu anzuhalten, ihre Zeiten der Zurückgezogenheit als normal und natürlich anzusehen. Dann könnte sie diese Zeiten dazu nutzen, ihren wirklichen Gedanken und Gefühlen nachzugehen, ohne Repressalien von Familienmitgliedern befürchten zu müssen, die sie lieber in ihrer hilfsbereiten und freundlichen Art sehen würden. Daher ist es auch von grundlegender Bedeutung, dass ihr liebevolles Wesen nicht von der übrigen Familie als eine Art seelische Nahrung missbraucht wird. Vielleicht ist sie sogar gern dazu bereit, doch letzten Endes würde es sie innerlich sehr wütend machen. Ihre angeborene Neigung zu menschlicher Nähe und Harmonie verlangt als Ausgleich die Fähigkeit, Auseinandersetzung und Alleinsein zu ertragen.

3. Verständigungsschwierigkeiten

Obwohl sie intuitiv stark auf die Gefühle anderer eingeht, könnte sie in der Entwicklung ihrer kommunikativen Fähigkeiten etwas langsamer sein, so dass es ihr schwer fällt, diese Gefühle in Worte zu fassen. Ihr natürliches Verständigungsmittel sind nicht Worte, sondern Gefühle und bildhafte Vorstellungen. Der Gesichtsausdruck des Vaters oder der Mutter oder der Ton, in dem etwas gesagt wird – das sind Dinge, die deutlicher zu ihr sprechen als alle Erklärungen. Es dürfte sehr schwierig sein, etwas Bestimmtes vor ihr zu verbergen, indem man es in ein anderes Licht zu rücken versucht. Da Worte in mancher Hinsicht ein umständliches Medium für ihr hoch entwickeltes emotionales Wesen sind, fühlt sie sich manchmal unbeholfen oder wie zugeschnürt, wenn es darum geht, anderen ihre Bedürfnisse mitzuteilen. Statt die Dinge offen auszusprechen, neigt sie vielleicht zu subtilen Andeutungen. Diese Andeutungen können von kleinen psychosomatischen Symptomen bis hin zu Wutanfällen reichen, die sich auf etwas scheinbar Unerhebliches beziehen und die wirkliche Ursache ihrer Wut verdecken. Auch kleinen emotionalen Manipulationen und vorgetäuschter Hilflosigkeit ist sie nicht unbedingt abgeneigt. Später, in der Schule, wird sie sich vielleicht mehr auf eine gute Beziehung zu einem Lehrer verlassen als auf akademische Fähigkeiten. Obwohl sie wahrscheinlich über einen sehr einfallsreichen Geist verfügt, kann es schwierig für sie sein, originelle Ideen vorzubringen, weil sie befürchtet, die anderen könnten nicht zustimmen. Der Bereich der Kommunikation ist deshalb so wichtig für sie, weil ihre natürlichen Verständigungsmittel subtil und nonverbal sind. Geduld, Aufmunterung und Verständnis können viel dazu beitragen, dass sie sich anderen gegenüber mit größerer Zuversicht klar und objektiv äußert.

II. Wesentliche Persönlichkeitsanteile

1. Ein Kind, das die Traumwelt liebt

Obwohl sie auf der Erde zu leben scheint, wie andere Kinder auch, gehört ihr Herz doch dem Höheren. Sie ist ein Kind mit einer besonderen Vorstellungskraft, das sich innerhalb der Grenzen des materiellen Lebens wohl nie ganz zu Hause fühlen wird. Wie eine Märchengestalt sucht sie instinktiv nach einer Welt, die vom Guten, Wahren und Schönen durchstrahlt ist und in der das Schlechte, Falsche und Hässliche immer unterliegt. Im Laufe ihrer Entwicklung könnte sie instinktiv annehmen, dass es im Leben immer so ist. Wenn sie dann den Zauber, den sie sucht, in den Aufgaben und Enttäuschungen des gewöhnlichen Lebens nicht findet, zieht sie sich vielleicht hin und wieder in eine von ihr selbst geschaffene Phantasiewelt zurück. Fühlt sie sich verwirrt und bedroht, so kann sie sehr melancholisch werden sich abkapseln. Dann bleibt sie lieber im Bett und versteckt sich hinter einem Schutzschild eingebildeter Krankheiten vor der äußeren Welt. Ihre innere Vorstellung des Schönen und Zauberhaften ist so stark, dass sie es vielleicht schlicht und einfach ablehnt, die raueren Seiten der Wirklichkeit anzuerkennen – die unbewusste Grausamkeit anderer Kinder, den Tod eines Haustieres, die alltäglichen kleinen Schrammen und Beulen. Gelegentlich mag es scheinen, als sei sie im Vergleich zu anderen Kindern psychisch sehr „dünnhäutig“, so dass sie das Leben schnell verletzt. Doch trotz ihrer Feinfühligkeit hat sie Zugang zu einem sehr subtilen und tiefgründigen Aspekt der Wirklichkeit – zur magischen Welt der Träume und Vorstellungen. Ausreichende Förderung und Unterstützung kann es ihr ermöglichen, diese Welt in das Hier und Jetzt zu übertragen.

2. Die Sehnsucht nach Zusammengehörigkeit

Ihre Persönlichkeit zeigt ein wenig unscharfe Konturen – als ob das scharfe „Ich zuerst!“ anderer Kinder bei ihr fehlen würde. Aufgrund dieser subtilen Grenzverwischung ist sie ein sehr aufnahmebereites Kind, das leicht auf die Gefühle anderer reagiert. Das bezieht sich nicht nur auf die Gefühle einzelner Menschen, sondern auch auf die unbewussten Stimmungen innerhalb der Familie oder einer bestimmten Gruppe anderer Kinder. Sie kann die Trauer oder den Schmerz anderer ungewöhnlich deutlich wahrnehmen, und man kann sich darauf verlassen, dass sie immer sofort reagiert, wenn jemand in ihrer Nähe – und sei es ein Haustier – unglücklich ist. Das mag manchmal verwirrend für sie sein, denn sie spürt dieses Unglück in sich selbst und wird es als ihr eigenes äußern. Verwirrend kann es auch für die Eltern sein, die vielleicht befürchten, ihr Unglück verursacht zu haben, wo sie doch eigentlich mehr auf eine allgemeine psychische Stimmung reagiert. Sie ist wie ein Barometer, das jede feinste Gefühlsnuance der Menschen anzeigt, die sie liebt und denen sie nahe ist. Wenn sie über längere Zeit hinweg unglücklich ist, könnte die Ursache dafür in Angelegenheiten innerhalb der Familie zu suchen sein, die nicht zur Sprache kommen. Der Versuch, sich nichts anmerken zu lassen, wäre keine gute Idee, denn sie würde jede Unehrlichkeit sofort spüren. Viel besser wäre es für alle Familienmitglieder, in Bezug auf ihre Konflikte offen zu sein, denn so kann sie lernen, ihre eigenen Gefühle von denen anderer zu unterscheiden. Sie spricht auch sehr stark auf Harmonie und Schönheit an. Grobheit, Gewalt und Brutalität – ob körperlich oder emotional, offen oder versteckt, absichtlich oder unbewusst – werden sie immer ängstigen und abstoßen. So kann es leicht sein, dass sie während ihrer ganzen Kindheit häufig Enttäuschungen erlebt, denn sie erwartet von anderen oft mehr, als sie geben können. Die unbewusste Grausamkeit mancher Kinder auf dem Spielplatz kann bei ihr große Angst und tiefe Trauer auslösen, während andere Kinder dies einfach als einen Aspekt des Lebens auffassen. Es ist sehr wichtig, dass die Eltern sie behutsam mit allen Schattenseiten des Lebens und der menschlichen Natur bekannt machen, denn sie neigt dazu, die Dinge nur schwarz-weiß zu sehen. Die Bösen reiten immer schwarze Pferde, die Guten immer weiße, und das Leben „sollte" gerecht sein. Doch trotz all der Enttäuschungen, die ihr aus diesem inneren Idealismus entstehen können, ist sie ein sanftes und liebevolles Kind, dessen bezaubernd romantisches Wesen besonders ansteckend wirkt. In ihrer Nähe werden auch andere sanfter, freundlicher und eher geneigt, immer nur das Beste anzunehmen. Da sie so mitfühlend ist, werden sich Familienangehörige und Freunde in ihrer Gegenwart wahrscheinlich ruhiger und glücklicher fühlen.

3. Die Sehnsucht nach Nähe im Widerstreit mit dem Alltag

Sie zeigt eine gewisse schwer fassbare „Andersartigkeit" – sie scheint Dinge zu sehen, die sonst niemand sieht, und Musik zu hören, die sonst niemand hört. Dieser ätherische Anteil ihres Wesens, der aus einer anderen Welt zu stammen scheint, kann als eine gewisse Neigung zutage treten, sich in eine Traumwelt zurückzuziehen. Sie scheint manchmal ganz woanders zu sein, ist unaufmerksam gegenüber täglichen Aufgaben und Verpflichtungen und sträubt sich dagegen, wieder auf die Erde herunterzukommen. Wenn die Eltern auf ihre Stimmungen achten, bemerken sie vielleicht hin und wieder eine tiefe Traurigkeit an ihr, verbunden mit dem innigen Wunsch, irgendwo anders zu sein als im Hier und Jetzt. Das mag besonders dann deutlich werden, wenn sie unter irgendeiner Enttäuschung oder Frustration leidet. Dies wird bei ihr – anders als bei manchen anderen Kindern – nicht zu einem Temperamentsausbruch, sondern zu einem Rückzug in die Melancholie führen. Aber eigentlich hat sie große Angst davor, einsam zu sein. Sie sehnt sich nach emotionaler Verschmelzung mit den Menschen in ihrer Nähe. Das macht sie ungewöhnlich liebevoll und auch besonders empfänglich für Liebesbezeugungen; es bereitet ihr aber auch ungewöhnlich großen Kummer, wenn sie allein gelassen wird oder bei Anderen Kälte, Gleichgültigkeit oder Verärgerung spürt.

Sie hat einen gewissen angeborenen Widerwillen dagegen, sich selbst als getrenntes Individuum zu verstehen. Im Laufe ihres Heranwachsens könnte sie sich daher an früheren Verhaltensweisen festklammern, z. B. indem sie Daumen lutscht oder sich nicht von einem alten, kaputten Spielzeug trennen will. Sie möchte in ihrer kindlichen Traumwelt bleiben und sträubt sich dagegen, in einen menschlichen Körper einzutreten.

Dieser Widerwille gegen die reale Welt kann in jedem kritischen Stadium der Entwicklung zutage treten, vom Abstillen über das Laufen lernen bis hin zu den Schwierigkeiten im Zusammentreffen mit anderen Kindern und beim Eintritt in den schulischen Alltag. Sie könnte auch eine starke Abneigung gegen ein Brüderchen oder Schwesterchen hegen, aber nicht aus gewöhnlicher Eifersucht, sondern weil es Gefühle der Getrenntheit und Einsamkeit in ihr weckt. Wahrscheinlich zeigt sie ihre Abneigung nicht als offene Wurt, sondern neigt eher dazu, zu schmollen oder sich in Traurigkeit, Tränen oder scheinbare Krankheiten zurückzuziehen, die nichts anderes sind als der Versuch, zur vollkommenen Verschmelzung der ersten Lebenstage zurückzukehren. Manchmal kann sie in ihrem Bestreben, andere einander näherzubringen, recht durchsichtige Manipulationen vornehmen, und ihr genaues Gespür für deren Gefühle lässt sie unfehlbar auf die richtigen psychologischen Knöpfe drücken, Die kreative Seite bei dieser Schwierigkeit ist, dass jedes Mal ihre Vorstellungskraft auf den Plan gerufen wird, wenn sie mit irgendeiner Trennung zurechtkommen muss. Und das öffnet die Tür zu den wirklichen Begabungen ihres Wesens, die in ihrem enormen kreativen Potential liegen. Früh im Leben wird sie dieses Potential zur Linderung ihrer Ängste benutzen – Phantasiegestalten und imaginierte Spielkameraden sind wahrscheinlich ein beliebtes Mittel gegen die Einsamkeit. Hat man Verständnis für ihr Bedürfnis, sich ein Gefühl der Einheit mit anderen zu bewahren, so kann man sie vorsichtig dazu ermutigen, auch die Getrenntheit und das Anderssein der Menschen zu akzeptieren, die sie liebt. Hierin liegt die größte Schwierigkeit, mit der sie im Leben zu kämpfen haben wird.

4. Schwierigkeiten mit dem Körper und seinen Bedürfnissen

Das ganze Reich der materiellen Welt kann ihr manchmal recht bedrohlich erscheinen. In der frühen Kindheit mag es sich für sie als eine besonders schwierige Aufgabe erweisen, die Koordinierung ihrer Körperbewegungen zu erlernen. Nicht, dass sie nicht dazu in der Lage wäre, doch die Erfahrung körperlicher Grenzen belastet sie so sehr, dass sie wahrscheinlich ärgerlich und frustriert ist, wenn die Wirklichkeit nicht ihrer Vorstellung entspricht. Auch Hunger und körperliche Unannehmlichkeiten wie Erkältungen, Entzündungen, Beulen und Schrammen können übermäßig wütende oder leidende Reaktionen hervorrufen. Im Laufe ihrer Entwicklung könnte sie auf jede körperliche Herausforderung ängstlich reagieren. Das mag in der späteren Kindheit zu angestrengten Bemühungen führen, dies auszugleichen – z. B. beim Sport oder in Bezug auf ihre körperliche Erscheinung -, die eigentlich eine Abwehr gegen Gefühle der Unsicherheit sind. Sie hat auch ein sehr feines Gespür für derlei Dinge in der Familie. Ängste oder Konflikte innerhalb der Familie in Bezug auf häusliche Abläufe, Geld, Gesundheit oder Sexualität werden ihr nie lange verborgen bleiben. Der ganze Bereich des Materiellen ist für sie geheimnisvoll und oft auch beängstigend. Da ihre Vorstellungsgabe so fruchtbar und aktiv ist, wird sie sich realen Herausforderungen oft durch eine Flucht in die Welt der Phantasie zu entziehen suchen. Sie muss lernen, ihren Körper mehr zu schätzen, und dazu mag eine ganze Menge Hilfe und Ermutigung von Seiten der Eltern nötig sein. Da sie so wenig geneigt ist, die Herausforderungen der materiellen Wirklichkeit anzunehmen, braucht sie in diesem Bereich besonders viel Geduld und Verständnis. Was sie dagegen überhaupt nicht braucht, ist eine repressive, heimlichtuerische oder strenge Einstellung zur materiellen Welt, denn das würde sie nur noch weiter in den inneren Rückzug treiben. Es ist sehr wichtig, dass die Eltern möglichst offen, entspannt und aufrichtig in Bezug auf alle materiellen Dinge sind, angefangen bei der Benutzung der Toilette bis hin zu etwas später wichtigen Dingen wie Körperpflege, Sexualität, Geld und materielle Verpflichtungen. Im Laufe ihrer Entwicklung kann sie ohne weiteres lernen, in angemessener Weise mit den Herausforderungen des Alltags umzugehen. Doch das Reich des Irdischen wird wohl niemals ihr bevorzugter Aufenthaltsort sein, und so wird sie in jungen Jahren sehr viel Mitgefühl und Ermutigung brauchen, um wirkliches Vertrauen in ihre diesbezüglichen Fähigkeiten und in ihre eigenen Werte zu entwickeln.

5. Etwas Jenseitiges verleiht dem Leben seinen Zauber

So gibt es etwas schwer Fassbares, Ätherisches und Jenseitiges an ihr, das wirklich zauberhaft ist, das aber auch eine große Verletzbarkeit gegenüber den Herausforderungen der materiellen Welt widerspiegelt. Dennoch braucht sie keineswegs übermäßig beschützt zu werden. Ihre Neigung, im Reich der Phantasie zu leben, würde es ihr – zusammen mit einem übermäßigen Verhätscheln durch die Eltern – nur noch schwerer machen, ein angemessenes Gleichgewicht zu finden, während sie heranwächst. Gewiss braucht sie Ermutigung dazu, die Herausforderungen des täglichen Lebens anzunehmen – besonders was die schmerzhafte Aufgabe betrifft, sich abzulösen und eine unabhängige Identität zu bilden. Doch vor allem sollte sie als das geschätzt werden, was sie wirklich ist: ein Kind, dessen Reichtum in seiner Vorstellungskraft und seiner Fähigkeit liegt, eine feinere, höhere und schönere Dimension des Lebens zu spüren, als viele Menschen sie je wahrnehmen werden. Auch wenn die Wertvorstellungen innerhalb der Familie eher materiell ausgerichtet sind, ist es wichtig, dass ihre strahlende innere Welt nicht lächerlich oder verächtlich gemacht wird. Sie ist empfänglich für viele Seiten des Lebens, die andere Kinder – und viele Erwachsene – nicht wahrnehmen können oder wollen, und es dürfte sehr schwierig sein, sie mit Heucheleien oder absichtlicher Täuschung hinters Licht zu führen. Sie wird manche Schwierigkeit zu überwinden haben, und vielleicht ist sie gelegentlich etwas allzu dünnhäutig, um mit den rauen Seiten des Lebens gut zurechtzukommen. Die Gewalt der Eltern, der Tod eines Haustieres oder – wie es unter Kindern ja durchaus vorkommen kann – die Erfahrung, einmal zum „Prügelknaben“ gemacht zu werden, sind völlig ausreichend, um einen landdauernden Kummer zu bewirken. Wenn Sie ihr helfen, eine objektivere und realistischere Haltung zu erreichen, ohne ihr dabei Vorgaben zu machen oder ihre jungen Ideale anzugreifen, so ist dies zugleich auch die kreativste Art und Weise, mit ihrer Verletzbarkeit umzugehen. Vertrauen und Optimismus, ihre angeborenen Eigenschaften, werden sie letzten Endes immer in die Lage versetzen, sich von allen möglichen Erfahrungen des Lebens wieder zu erholen.

6. Ein großes Verlangen will erkannt sein

Im Gegensatz zu ihrem hellen, ätherischen Geist gibt es auch noch eine andere, etwas rauere Gestalt in ihrem inneren psychischen Drama. Diese weniger stark entwickelte Seite kann ihr den so nötigen Realismus und große Ausdauer geben, wenn sie nur verstanden und zur Entwicklung angeregt wird. Hier verbergen sich all jene intensiven instinktiven und emotionalen Bedürfnisse, die sie während seiner Entwicklung in Konflikte bringen könnten, weil sie so intensiv und ursprünglich sind. Willenskraft und ein starkes Verlangen werden unweigerlich zu Konflikten mit den Eltern und Konkurrenz mit den Geschwistern führen, und für ihr friedliebendes und sanftes Wesen werden derartige Konflikte zweifellos recht schmerzhaft sein. So ist es wahrscheinlich, dass sie im Laufe ihres Heranwachsens versucht, die Erfahrung und Äußerung ihrer auf Trennung gerichteten Gefühle zu vermeiden. Das könnte zu indirekten, unbewussten Äußerungsweisen wie etwa psychosomatischen Symptomen (Hautreizungen, Magenverstimmungen, Kopfschmerzen), Alpträumen oder unberechenbaren Anfällen destruktiven Verhaltens führen. Jeder Mensch hat mehrere Seiten, und sie macht in dieser Hinsicht keine Ausnahme. Ermutigen Sie sie dazu, ihre manchmal höchst aggressiven Gefühle und Bedürfnisse anzuerkennen und zu schätzen. So tragen Sie zur Entwicklung ihres dringend benötigten Selbstwertgefühls bei, mit dem sie zu einer stärkeren und ausgeglichenen Persönlichkeit werden kann.

7. Die Traumwelt durch die Instinkte ausgleichen

Dieses zauberhafte und bezaubernde Kind ist sehr offen für eine magische Welt, und viele Erwachsene würden gut daran tun, diese Welt anzuerkennen; doch es ist auch erdverbundener und intensiver, als es den Anschein haben mag. Sie verfügt über eine ganz besondere Verbindung von äußerster Feinheit und Einfühlsamkeit auf der einen Seite mit einer starken Sinnlichkeit und emotionalen Intensität auf der anderen. Für das erstere braucht sie Beistand und Unterstützung, damit ihre fruchtbare Vorstellungskraft und ihr Feingefühl anderen gegenüber den Schlägen des Lebens widerstehen können. Etwas in ihr will um jeden Preis gut sein und in einer Welt leben, in der Freundlichkeit, Schönheit und Gerechtigkeit an erster Stelle stehen. Glücklicherweise wird sie selbst für Freundlichkeit, Schönheit und Gerechtigkeit sorgen, denn diese Eigenschaften bilden den Kern ihrer Persönlichkeit und werden sich während ihrer ganzen Kindheit immer wieder auf das Schönste entfalten. Doch ohne die Schwere einer starken körperlichen und emotionalen Natur wäre sie in Gefahr, auf einer Wolke idealisierter Vorstellungen zu entschweben und von sich selbst und den Menschen, die sie liebt, allzu viel zu erwarten. Werden ihre grundlegenderen Instinkte richtig geschätzt und gefördert, so kann ihr das helfen, sich stärker auf andere bezogen und mehr zu Hause in ihrem Körper zu fühlen. Auf diese Weise wird sie auch zunehmend besser in der Lage sein, ihre Feinfühligkeit und ihren Idealismus vor den raueren Seiten des Lebens und anderer Menschen zu schützen. Eine solche Zusammenführung von Gegensätzen fällt niemandem leicht. Doch sie beginnt in der Kindheit: Mit der Hilfe und dem Verständnis der Eltern wird sie sowohl ihre Instinkte als auch ihre Phantasie erforschen, ohne dabei im Lauf der Zeit zu der Überzeugung zu kommen, diese beiden Welten müssen sich gegenseitig ausschließen.

8. Das Bedürfnis gebraucht zu werden

Sie besitzt ein sehr offenherziges Wesen und empfindet tiefes Mitgefühl für andere. Während ihrer Kindheit wird sie sich allmählich zu einer hilfreichen, fürsorglichen und recht unscheinbaren Persönlichkeit entwickeln und sich mehr um die Menschen in ihrer Nähe kümmern als um sich selbst. Für die Menschen, die sie liebt, würde sie alles tun, und vielleicht lässt sie es sich eine Menge Spötteleien und Schikanen von Geschwistern und Gleichaltrigen gefallen, ohne sich dafür zu rächen. Wie verletzt und enttäuscht sie auch sein mag, wahrscheinlich ist sie weiterhin freundlich zu den Menschen in ihrer Nähe. Anders als aggressivere Kinder hat sie wenig Vergnügen daran, die Eltern auf die Probe zu stellen oder anderen ihren Willen aufzuzwingen. Im Mittelpunkt ihres Lebens stehen andere Menschen, und sie wird alles nur Erdenkliche tun, um sich ein gewisses Zusammengehörigkeitsgefühl zu bewahren. Sie neigt auch wenig dazu, sich gewaltsam in den Mittelpunkt zu stellen. Wahrscheinlich ist es ihr lieber, eine Rolle „hinter den Kulissen" zu spielen – still, hilfsbereit, anspruchslos und wirklich glücklich, wenn dem Bruder, der Schwester oder einem Freund etwas glückt. Auch in die Gruppen innerhalb der Schule wird sie sich gut einfügen, und zu Hause könnte sie die Rolle der Vermittlerin übernehmen, wenn es zwischen den Eltern oder unter den Geschwistern zu Streitigkeiten kommt. Sie nimmt Rücksicht auf die Gefühle anderer und besitzt großes angeborenes Taktgefühl. Vor allem aber liebt sie es, wenn andere sie brauchen, denn dann fühlt sie sich lebendig, mit einbezogen und wichtig. Wenn sie älter wird, mag sie einen gewissen Mangel an innerer Spannkraft zeigen, weil sie dazu neigt, sich auf Kosten ihrer eigenen Identität mit anderen zu identifizieren. Sie kann sich nicht gut gegen die Forderungen anderer wehren, denn sie hasst das

Gefühl der Isoliertheit, das jede Bekundung ihrer eigenen Wünsche begleitet. Vielleicht müssen die Eltern sie dazu ermutigen, für sich selbst einzustehen, denn zuweilen mag es den Anschein haben, als würde sie es lieber ertragen, verletzt und ausgebeutet zu werden, als unabhängig, unverletzt und einsam zu sein.

9. Sympathie und Verletzbarkeit

So ist sie sehr intensiv in ihren emotionalen Bedürfnissen und ausdauernd in ihrem Wunsch, sich die Nähe zu den Menschen zu bewahren, die sie liebt. Doch vielleicht zeigt sie ihre Stärke nur ungern offen und zieht es vor, eine Hilflosigkeit und Verletzbarkeit an den Tag zu legen, die – wenngleich häufig echt empfunden – auch sehr wirksame Mittel sind, um ohne aggressive Forderungen die nötige Zuneigung und Unterstützung zu bekommen. Sie zeigt große seelische Tiefe und erspürt alle emotionalen Nuancen in der Stimmung um sie herum – vor allem jene, die andere gern verbergen möchten. Außerdem hat sie ein instinktives Mitgefühl für andere Menschen, besonders wenn sie leiden oder unglücklich sind. So verletzbar und empfindlich sie manchmal auch sein mag, besitzt sie doch auch eine überraschende Spannkraft. Trotz ihrer Neigung, schon kleinere Enttäuschungen als Weltuntergang anzusehen, ist sie emotional überaus tolerant und wird getreulich und ohne Ansehen ihrer Fehler jene verteidigen, die sie liebt. Da sie die Gefühle anderer so deutlich wahrnimmt, wird sie trotz ihrer Verletzbarkeit immer obenauf sein und den Herausforderungen des Lebens mit Weisheit und einem feinen Unterscheidungsvermögen begegnen. Helfen Sie ihr, objektiver zu werden und ehrlicher auszudrücken, und sie wird Sie mit ihrer unerschütterlichen Treue und ihrem mitfühlenden Herzen belohnen.

10. Ein heldenhafter Geist

Sie besitzt einen feurigen, tapferen und sehr eigenwilligen Geist. In der frühen Kindheit wird sie sich instinktiv gegen alle Einschränkungen wehren und hartnäckig versuchen, der äußeren Welt ihre Wünsche und Bedürfnisse aufzuzwingen. Die Eltern würden gut daran tun, keinen süßen, wohlerzogenen Engel zu erwarten – es sei denn, sie hat bekommen, was sie wollte, und strahlt gerade ihren einzigartigen, sonnigen Charme aus. Sie ist von Natur aus weder unlenksam noch rücksichtslos. Doch sie hat eine starke, energische Persönlichkeit und muss regelmäßig ihre Muskeln spielen lassen – sowohl geistig als auch körperlich, um ihre Kraft zu erproben und ihre Fähigkeiten unter Beweis zu stellen. Der Dichter William Ernest Henley schrieb einst: „Ich bin Herr meines Schicksals, Kapitän meiner Seele." Diese Zeilen passen sehr gut auf sie, denn sie ist innerlich sehr stolz, motiviert und begierig auf neue Herausforderungen. Ihr Unabhängigkeitsbedürfnis wird sich in jedem Entwicklungsbereich bemerkbar machen, angefangen von ihren ersten Schritten bis hin zur Erreichung hochgesteckter Ziele in der Schule. Sie wird immer glücklich und zufrieden sein, wenn es ihr gelungen ist, ein Hindernis zu überwinden oder sich gegen die Konkurrenz durchzusetzen. Versuchen Sie nicht, sie zu verhätscheln oder übermäßig zu beschützen, denn sie muss ihre Stärken entdecken, indem sie aus den eigenen Fehlern lernt. Ebenso würde die gewaltsame Unterdrückung ihres lebhaften Geistes durch harte Disziplin oder emotionale Manipulationen nur zu großen, bleibenden Problemen führen. Wie jedes andere Kind braucht sie kein distanziertes Desinteresse, sondern Liebe, Zuneigung und Verständnis. Doch sie wird auch schon früh sehr viel Freiheit und das Gefühl brauchen, dass die

Menschen, die sie liebt, wirklich an ihre Fähigkeit glauben, ihre Ziele im Leben durch eigene Anstrengung zu erreichen.

11. Stolz und unabhängig

So ist sie ein stolzes, mutiges Kind, das im Laufe seiner Entwicklung versuchen wird, einen eigenen Lebensweg zu finden. Auch ihre frühen Unabhängigkeitsbestrebungen müssen respektiert werden. Sollten die Eltern bei sich selbst den Wunsch entdecken, sie schwach und abhängig zu halten und an ihr Zuhause zu binden, so müssen sie sich vielleicht zuerst mit ihren eigenen Problemen auseinandersetzen, um ihr einen möglichst guten Start ins Leben bieten zu können. Ihr rastloser und dynamischer Geist kann durch allzu viele Einschränkungen leicht unterdrückt werden. Gelegentlich könnte es so aussehen, als sei sie selbst ihre schlimmste Feindin. Schüchtert man sie mit strenger Autorität ein oder verwirrt man sie durch emotionale Manipulationen, so wird sich ihr starker Wille dennoch äußern – dann allerdings mit verdeckten Mitteln, in denen sich ihre immer stärker angestaute Wut spiegelt. Wie alle Kinder – und auch Erwachsenen – fühlt sie sich zuweilen verwundbar und unsicher. Sie braucht genauso viel Liebe, Unterstützung und Bestätigung wie andere Kinder, deren Zartheit vielleicht deutlicher sichtbar ist; doch es mag ihr schwerfallen, um Hilfe zu bitten – meist wird sie lieber versuchen, alleine zurechtzukommen. Freundlichkeit weiß sie zutiefst zu schätzen, doch will sie sich nicht davon abhängig machen. In mancher Hinsicht könnte sie überraschend früh die Stärken einer Erwachsenen zeigen. Sie ist kein Übermensch, aber sie besitzt große Kraft, eine starke Persönlichkeit und eine Vorliebe für Herausforderungen und Siege. Obwohl sie vielleicht besser geben als nehmen kann, verdient sie Liebe, Respekt und Bewunderung für die makellose Integrität ihres mutigen, hervorragenden Geistes.

III. Emotionale Bedürfnisse und Beziehungen

1. Gebt mir Stabilität!

Wenngleich sie eigentlich lieber in luftigeren, phantasievolleren Bereichen lebt, braucht sie in ihren Beziehungen zu anderen Menschen vor allem das Gefühl, dass sie ihr eine sichere Struktur mit bekannten und zuverlässigen Verhaltensregeln und Umgangsformen geben. Um sich in ihrer Welt sicher und geborgen zu fühlen, braucht sie viel geistigen Austausch und muss ganz klar verstehen, was um sie herum vor sich geht. Seien Sie also dazu bereit, ihr die Erklärung zu geben, die sie braucht, und ihre Fragen geduldig und der Reihe nach zu beantworten. Auf der emotionalen Ebene braucht sie immer wieder erneute Bestätigung dafür, dass das Leben in geregelten Bahnen verläuft und vertrauenswürdigen Gesetzen unterworfen ist. Gerade in Beziehungen zu anderen wird sie versuchen, diese Bestätigung zu bekommen. Auf der Liste ihrer emotionalen Bedürfnisse stehen die Bereitschaft, sie zu beschützen, Zuverlässigkeit, Treue und Beständigkeit an oberster Stelle – diese Dinge sind ihr wichtiger als überschwängliche Liebesbezeugungen, die sich beim leisesten Anzeichen einer Belastung oder drohenden Krise in Luft auflösen. Sie wird auch alles daransetzen, sich den Menschen, die sie liebt, als treu und zuverlässig zu erweisen. Halten Sie, was Sie ihr versprochen haben, denn für gute Absichten und dann schnell gefundene Entschuldigungen hat sie wenig Verständnis. Wahrscheinlich fällt es ihr nicht leicht, Freundschaften zu schließen, denn sie braucht Zeit, um herauszufinden, ob das andere Kind wirklich zuverlässig ist. Doch gerade durch die Erfahrung von Schwierigkeiten in Beziehungen – Trennungen, Streit, Enttäuschungen – und durch die Entdeckung, dass die Liebe immer noch da ist, wird sie allmählich ein solides und dauerhaftes Gefühl der Bindung entwickeln. Deshalb werden Freundschaften, die sie während der Kindheit schließt, wahrscheinlich ihr ganzes Leben lang bestehen bleiben.

Ihr zurückhaltendes und treues emotionales Wesen ist auch sehr ausdauernd und eigenwillig. Sie ist fest entschlossen, die gewünschte Reaktion und den gewünschten Menschen zu bekommen, und wird – oft mit sehr subtilen Mitteln – alles nur Erdenkliche tun, um den Widerstand aufzureiben, wenn sie sich vernachlässigt oder abgelehnt fühlt. Wahrscheinlich geht sie einem offen ausgetragenen Konkurrenzkampf um Liebe und Gefälligkeiten möglichst aus dem Weg, doch vermutlich widerstrebt es ihr zutiefst, die Zuneigung der Eltern mit ihren Geschwistern teilen zu müssen. Sie bindet sich sehr stark an die Menschen, die sie liebt, so dass andere ihre Bedürfnisse zuweilen etwas überwältigend finden mögen – auch wenn sie keine offenen emotionalen Forderungen stellt. Ihre Treue ist absolut, doch wahrscheinlich kann sie kaum über sich selbst lachen und auch nicht den leisesten Spott über ihre Gefühle ertragen. Sie ist extrem subjektiv in ihren Reaktionen und kann nicht ohne weiteres verstehen, dass die geliebten Menschen ihr eigenes Leben führen und ihre Zuneigung auf ihre eigene, individuelle Art und Weise zeigen müssen.

Sie sucht in ihren Beziehungen vor allem Ordnung und Stabilität, und deshalb braucht sie möglichst viel Beständigkeit, Verlässlichkeit und Loyalität auf Seiten der Eltern, Familienangehörigen und Freunde oder Freundinnen. Vielleicht nimmt sie ihre Gefühle manchmal etwas allzu ernst und kann sich zurückgezogen, empfindlich und auf eine abwehrende Art stolz zeigen. Doch sie hat einen angeborenen Glauben an die Beständigkeit echter Liebe und erwartet von anderen die gleiche Ausdauer und Hingabe, zu der sie selbst bereit ist. Seichte oder wechselhafte Zuneigung und überschwängliche Liebesbeteuerungen, die es dann an echter praktischer Unterstützung fehlen lassen, sind schmerzhaft und bedrohlich für sie. Sie besitzt die traditionellen Tugenden der Geduld und der Treue, und sie verdient es, dass man ihr genauso begegnet.

2. Der Vater als eine Machtfigur

Sie ist von ihrem Vater fasziniert, weil sie in ihm einen Mann von großer emotionaler Tiefe und Macht sieht. Obwohl sich ihr Vater gelegentlich alles andere als mächtig fühlen mag, ist seine Tochter doch wie gebannt von ihm – und fürchtet sich manchmal auch ein bisschen vor ihm, selbst wenn sein Verhalten und Benehmen dazu keinerlei Anlass geben mögen. Doch sie erlebt ihren Vater nicht als gewöhnliches menschliches Wesen, sondern eher als eine mit subtiler Macht ausgestattete Märchengestalt, und sie wird diese zauberhafte Gestalt letzten Endes verinnerlichen müssen, um sich selbst als jemanden erfahren zu können, die klug und stark genug ist, um gegenüber allen Herausforderungen des Lebens bestehen zu können. Je besser Vater und Tochter in der Lage sind, eine menschliche, erdverbundene Alltagsbeziehung zueinander herzustellen, desto hilfreicher wird diese Beziehung für sie im Laufe ihrer Entwicklung sein. Dann wird sie auch zwischen dem echten Menschen, den sie liebt, und der Märchengestalt ihrer Phantasie unterscheiden können. Deshalb ist es wichtig, dass Streitigkeiten zwischen den Eltern nie als Rechtfertigung dafür genommen werden, die sich entwickelnde emotionale Verbindung zwischen Vater und Tochter zu stören, denn sie ist durch derartige Manipulationen leicht verletzbar und würde nur mit tiefem Schmerz und Misstrauen reagieren. Auch wenn bestimmte Umstände wie etwa berufliche Zwänge oder Konflikte innerhalb der Familie Abwesenheiten oder eine Trennung erzwingen, wird die Tiefe und Intensität ihrer Gefühle für ihren Vater nicht nachlassen. Deshalb ist die Qualität der Zeit, die Vater und Tochter unbeschwert von den unausgesprochenen Dingen innerhalb der Familie zusammen verbringen können, weitaus wichtiger als die Frage, wie oft und wie lange sich die beiden sehen.

Sie erwartet von ihrem Vater vor allem, dass er seine Gefühle ehrlich äußert, damit sie ihn als fehlbares menschliches Wesen erleben kann, das nicht distanziert und bedrohlich, sondern offen und liebevoll ist. Subtile Machtspiele oder das Verschweigen wichtiger Familiengeheimnisse könnten ihr manche Probleme bereiten, denn je weniger sie über ihren Vater weiß, desto eher wird sie ihn sich als eine Gestalt von riesigen, furchterregenden Ausmaßen vorstellen, und das könnte ihr später im Leben Schwierigkeiten machen, Männern zu vertrauen. Da sie eine so tiefe Bewunderung für seinen Vater empfindet und sich so sehr danach sehnt, ihm zu gefallen, sind unnachgiebige Autorität oder der Missbrauch von Macht – sei er offen oder subtil manipulierend – nicht nur unnötig, sonder möglicherweise auch sehr destruktiv für ihr Selbstvertrauen. Deshalb sollte der Vater nichts unversucht lassen, seine Tochter auf einer alltäglichen Ebene kennenzulernen und es ihr zu ermöglichen, ihn als wirklichen Menschen mit ganz gewöhnlichen Bedürfnissen, Schwächen und Ängsten zu sehen. Sie braucht keinen vollkommenen oder stets heldenhaften Vater – sie erlebt ihn als subtil und weise und wünscht sich, dass er ihr hilft, mutig und aufrichtig mit ihren eigenen, turbulenten Gefühlen umzugehen. Da diese Beziehung in einer tiefen und geheimnisvollen emotionalen Affinität wurzelt, könnte sie für den Vater sehr heilsam und für die Tochter ein ausgesprochen positives Vorbild sein – vorausgesetzt, die nötige emotionale Ehrlichkeit ist vorhanden, wann immer Vater und Tochter zusammen sind.

3. Mutter ist eine Märchenprinzessin

Sie empfindet eine besondere Wertschätzung für die Anmut und Freundlichkeit ihrer Mutter, die für sie eine gütige, schöne Frau ist. Auch wenn ihre Mutter sich müde, gestresst und alles andere als anmutig und schön fühlt, wird sie versuchen, freundlich, höflich und mit einem rührenden Beschützerinstinkt auf ihre Bedürfnisse und Wünsche einzugehen. Außerdem wird sie alles tun, um sowohl der Liebling ihrer Mutter als auch ihre Beschützerin zu sein, und, wenn auch verdeckt, so doch sehr heftig mit seinem Vater und gegebenenfalls mit ihren Geschwistern um die Liebe und Aufmerksamkeit ihrer Mutter konkurrieren. Da sie sich so sehr darum bemüht, ihre Mutter nachzuahmen, könnte es ihm schwerfallen, eine eigene, individuelle Weiblichkeit zu entwickeln. Auch wenn ihre Mutter innerhalb der Familie schwere Verantwortung trägt und wenig Zeit hat, charmant oder bezaubernd zu sein, wird sie in ihr immer eine liebliche, verfeinerte Prinzessin sehen, die nur vorübergehend und aufgrund höherer Gewalt die Rolle des Aschenputtels spielt. Ihre geheimste Vorstellung von ihrer Mutter weist einen märchenhaften Hauch von Erlesenheit und Schönheit auf. Daher neigt sie, wenn er älter wird, wahrscheinlich dazu, die Eigenheiten, die Kleider, das Make-up oder die Frisur ihrer Mutter nachzuahmen und dabei auch eine gewisse Eifersucht an den Tag zu legen, die an die Redensart erinnern mag, dass Nachahmung die ernsteste Form der Schmeichelei ist. Die Rivalitäten, die sie ihrer Mutter gegenüber wahrscheinlich an den Tag legen wird, müssen einfühlsam aufgenommen und als das gesehen werden, was sie sind: nicht als Versuch, die Mutter zu verletzen und zu demütigen, sondern als der tiefe Wunsch, möglichst so zu sein wie ihre Mutter.

So muss jede Phase der Feindseligkeit gegenüber ihrer Mutter im Lichte ihrer tiefen Bewunderung für sie als Symbol idealer Weiblichkeit gesehen werden – besonders dann, wenn sie mit verschiedenen Mitteln versucht, die Beziehung ihrer Eltern zu stören. Es ist besonders wichtig, dass ihre Mutter sich dieser Tatsache bewusst ist und sich nicht von ihrer eigenen Unsicherheit dazu verleiten lässt, auf die aufkeimende Weiblichkeit ihrer Tochter eifersüchtig zu sein oder sich bedroht zu fühlen. Sie braucht sehr viel liebevolle Ermutigung, um ihre eigenen Gefühle, Werte und Vorlieben zu entwickeln, und es wäre besonders hilfreich für sie, wenn sie ihre Eifersucht auf ihre Mutter äußern dürfte, ohne dafür offen oder mit subtilen Mitteln bestraft zu werden. Trotz ihrer Konkurrenzgefühle ist ihre Treue zu ihrer Mutter sehr tief, so dass sie sich bei allen Konflikten innerhalb der Familie instinktiv auf die Seite ihrer Mutter stellen wird. Doch ihre Mutter muss auch in der Lage sein, ihrem Wunsch nach der Zuneigung ihrer Tochter die Tatsache gegenüberzustellen, dass auch ihre Treue und Liebe zu anderen Familienmitgliedern – vor allem zu ihrem Vater – wichtig ist und Geltung hat. Die starke Zuneigung zwischen Mutter und Tochter kann wunderbar heilsam und bestärkend für beide sein. Doch man sollte sie – sei es vorsätzlich oder unbewusst – nie in Konflikte zwischen den Eltern hineinziehen, weder als Beschützerin noch als Rivalin ihrer Mutter. Die Mutter sollte in den manchmal turbulenten Gewässern der frühen Lebensjahre ihrer Tochter mit äußerstem Feingefühl navigieren; dann könnte sie schließlich auch Vertrauen zu sich selbst fassen; und es würde ihr auch helfen, tiefe und dauerhafte Freundschaften mit anderen Frauen einzugehen. Vielleicht teilen Mutter und Tochter künstlerische Interessen miteinander und haben ähnliche Vorlieben, und vermutlich orientiert sie sich auch bei der Entwicklung ihrer ästhetischen und sozialen Werte an ihrer Mutter. Weil diese Beziehung in so vieler Hinsicht wunderbar und erfüllend sein kann, wird jede Bemühung beider Eltern um besondere Sorgfalt und Aufmerksamkeit reich belohnt werden.

IV. Ängste und Unsicherheiten

1. Die Angst davor, wertlos zu sein

Obwohl ihre Stärken eigentlich hauptsächlich im Bereich der Phantasie und Vorstellungskraft liegen, hat sie das tiefe Bedürfnis nach Selbständigkeit in der materiellen Welt. Instinktiv weiß sie, dass sie sich – wie alle anderen Menschen auch – letztlich nur auf sich selbst verlassen kann. Doch hat sie auch große Angst vor der erschreckenden Komplexität der materiellen Welt, angefangen von der ersten Aufgabe, ihre Körperbewegungen zu koordinieren, bis hin zu den späteren Herausforderungen, sich ihren Lebensunterhalt zu verdienen und es zu etwas zu bringen. Trotz ihres tiefen Wunsches nach Selbständigkeit fühlt sie sich manchmal sehr unsicher, was ihren eigenen Wert und ihre Fähigkeit betrifft, mit diesen Herausforderungen fertig zu werden. Daher mag ihre allmählich sich entwickelnde Beziehung zu ihrer materiellen Umgebung langsam und in bestimmten Lebensbereichen auch schwierig verlaufen, wenngleich sie sich, ganz allgemein gesehen, sehr fähig zeigen mag. Vielleicht widerstrebt sie sehr stark allen Bemühungen, ihr ganz grundlegende Aufgaben und Erfordernisse näherzubringen, und zeigt eine unerklärbare Angst vor bestimmten körperlichen Übungen. Besondere Vorlieben oder Abneigungen bei Körperpflege und Ernährung könnten darauf hinweisen, wie unbehaglich sie sich in ihrem Körper fühlt. Wenn sie älter wird, könnte sie intensive Gefühle in Bezug auf bestimmte Spielsachen oder persönlichen Besitz zeigen, an manchen Dingen übermäßig hängen, andere dagegen nachlässig oder sogar zerstörerisch behandeln. Da sie ihr Selbstwertgefühl mit ihrer körperlichen Realität – also mit ihrem Körper, ihrer Ernährung, ihrem Besitz und ihrer materiellen Umgebung – gleichsetzt, werden sich Angst und

Unsicherheit in Bezug auf ihren Selbstwert symbolisch in einer regellosen Beziehung zu ihrer materiellen Realität wiederspiegeln.

Verständnis und ein mitfühlendes Eingehen auf ihre Sorgen in Bezug auf die materielle Welt können sehr viel dazu beitragen, dass sie zuversichtlicher wird und mehr Selbstvertrauen gewinnt. Wenn sie beispielsweise bestimmte Speisen nicht mehr mag oder Auffälligkeiten in ihren Essgewohnheiten zeigt, kann Aufruhr in der häuslichen Umgebung eine wesentliche Ursache dafür sein. Vielleicht reagiert sie besonders empfindlich auf plötzliche Veränderungen oder Störungen in ihrer materiellen Umgebung und äußert ihre Angst symbolisch im Essen als einer Quelle der Sicherheit und Geborgenheit. Der Versuch, ihr eine möglichst zuverlässige und beständige Umgebung zu bieten, wird ihr helfen, sich sicherer und zuverlässiger zu fühlen, denn sie hat Angst davor, dass man ihr alles Mögliche immer gerade dann wegnimmt oder es woanders hinbringt, wenn sie allmählich das Gefühl hat, damit umgehen zu können. Auch könnte gemeinsamer Besitz zu Schwierigkeiten zwischen ihr und ihren Geschwistern führen. Doch eine übermäßige Bindung an ein bestimmtes Kleidungsstück oder Spielzeug bedeutet nicht, dass sie selbstsüchtig oder habgierig wäre – solche Dinge bedeuten etwas Sicheres und Dauerhaftes für sie, und man muss ihr unbestrittenes Besitzrecht an ihnen würdigen. Vielleicht wird sie auch durch eine Phase gehen, in der sie Dinge hortet – Nahrungsmittel, Spielzeug, Taschengeld und alte, zu klein gewordene Kleidungsstücke, die man normalerweise wegwerfen würde, an denen sie aber hängt, weil sie eine bestimmte Bedeutung für sie haben. Wenn sie sich allmählich sicherer fühlt, werden diese extremen Äußerungen ihrer Ängste in aller Stille von selbst verschwinden.

2. Die Herausforderung, selbständig zu sein

Sie könnte die materielle Welt auch oft als Bedrohung empfinden und aus Angst, sie werde damit nicht zurechtkommen, ein Abwehrverhalten entwickeln. Besondere Beziehungen könnten eine Intensität annehmen, in der sich die Projektion all ihrer komplizierten Sicherheitsbedürfnisse auf diese Beziehung spiegelt. Der Vater, die Mutter, ein Bruder, eine Schwester, ein Freund, eine Freundin oder sogar ein Haustier könnten zu einer Art magischem Talisman werden, dessen Gegenwart in ihrem Leben ihr körperliche Sicherheit und Unversehrtheit garantiert und dessen Liebe und Zustimmung ihr inneres Gefühl des eigenen Wertes und der eigenen Liebenswürdigkeit bestätigen. Eine so starke Abhängigkeit mag von einem intensiv besitzergreifenden Verhalten begleitet sein, auch wenn sie solche Gefühle nicht wahrhaben oder offen zeigen will. Doch sie könnte sich zutiefst verletzt oder erniedrigt fühlen, weil der geliebte Mensch auch noch andere Beziehungen und Interessen braucht. Jeden Versuch, größere Unabhängigkeit innerhalb der Beziehung zu ermöglichen, könnte sie leicht als Ablehnung deuten.

Wie gut angepasst sie nach außen hin auch erscheinen mag, sie befürchtet, dass jede Unvollkommenheit in ihrer äußeren Erscheinung mit Sicherheit für emotionale Ablehnung sorgen wird. Sie ist besonders empfindlich in Bezug auf ihr Gesicht und ihren Körper, und ganz gleich, wie attraktiv und schön sie in den Augen der Eltern und Gleichaltrigen auch sein mag, hegt sie möglicherweise tiefe Gefühle der Unsicherheit – wenngleich ihr diese Ängste viel zu peinlich sein werden, als dass sie mit anderen darüber sprechen würde. Diese Gefühle werden sich vermutlich auf etwas konzentrieren, das sie als schlimmen körperlichen „Mangel“ erlebt – ihre Arme sind zu kurz oder zu lang, ihre Beine zu stark behaart oder zu glatt, ihre Nase zu groß oder zu klein, ihr Haar ist zu stark gelockt oder nicht lockig genug. Jeder Spott von Familienmitgliedern oder Freunden über ihre Erscheinung kann sie tief verwunden. In diesem sehr persönlichen Bereich ihres Lebens braucht sie sehr viel Bestätigung – die Eltern sollten es nicht an großzügigem Lob und an Komplimenten fehlen lassen und sie immer wieder dazu ermutigen, an ihre eigene Attraktivität zu glauben. Gibt es in der Familie Hemmungen oder Scham in Bezug auf körperliche Dinge, so könnte dies ihre Angst noch verstärken, und jegliche Gehässigkeit oder schneidende Kritik würde ihre Selbstzweifel nur verschlimmern. Die Eltern sollten daran denken, ihr genau das zu sagen, was sie selbst als Kinder gern gehört hätten.

Hinter all diesen sehr persönlichen Verteidigungsmechanismen steht eine grundlegende menschliche Herausforderung – die Frage nach der individuellen Fähigkeit, in einer schwierigen Welt zu überleben und einen echten Beitrag zu leisten. Sie ist weder „neurotisch", noch leider sie unter irgendeinem außergewöhnlichen Problem. Ihr Streben nach Selbständigkeit und ihre Angst vor dem Versagen entstammen der instinktiven Gewissheit, dass man im Leben bekommt, wofür man gearbeitet hat, und dass ein Gefühl echter Sicherheit letztlich nur dann gewährleistet ist, wenn man ausdauernd ist und auf die eigenen inneren Kräfte und Fähigkeiten vertraut. Wenn sie heranwächst, wird sie zu einem festen und beständigen Selbstwertgefühl finden, indem sie etwas Greifbares aus ihren Talenten macht, in welchem Bereich sie auch liegen mögen. Dieses Thema ist für ihre künftige Entwicklung so wichtig, dass sie schon während ihrer Kindheit befürchtet, sie werde ihr Ziel nicht erreichen können – selbst wenn das Ziel noch gar nicht bekannt ist oder in Worte gefasst wurde. In einer Umgebung, die allzu großen Wert auf materielle Errungenschaften legt und allzu wenig darauf achtet, wer sie wirklich ist, würde es ihr schwerfallen, großes Selbstvertrauen zu entwickeln. Denn ohne Ansehen ihrer emotionalen, schöpferischen oder intellektuellen Gaben neigt sie im Innersten dazu, ihren Wert für andere in materiellen Begriffen zu definieren. Wenn man ihr helfen kann, den Unterschied zwischen äußerem Erfolg und dem Gefühl innerer Selbstachtung und Festigkeit zu verstehen, wird sie gut gerüstet sein, um dieser existentiellen menschlichen Herausforderung zu begegnen.

V. Ausblick auf die Zukunft

1. Die grenzenlosen Weiten der Phantasie

Sie liebt es, die Realität mit Bildern aus ihrer inneren Welt auszuschmücken, und ihr Verstand ist stark auf künftige Potentiale und Möglichkeiten eingestellt. Wahrscheinlich ist es besonders wichtig für sie, sich Wissen über alle möglichen, scheinbar zusammenhanglosen Dinge anzueignen. Außerdem wird sie versuchen, allem, was sie studiert, eine individuelle Note zu verleihen. Da sie sich wahrscheinlich mehr für die größeren Zusammenhänge interessiert als für einzelne, spezialisierte Wissensgebiete, braucht sie eine schulische Umgebung, in der die Lehrer wissen, dass Musik und Mathematik manches gemeinsam haben und dass man Geschichte nicht studieren kann, ohne sich auch mit dem Wesen des Menschen zu befassen. Eine solche ganzheitliche und weitreichende Geisteshaltung könnte dazu führen, dass sie außergewöhnlich gut in Fächern ist, die sie inspirierend findet, während sie vielleicht weniger gut ist, wenn das Fach zu nüchtern oder der Lehrer zu einseitig ist. Auf die Inspiration kommt es an – sie braucht das Gefühl, dass ihr Verständnis mit dem Entdecken bedeutungsvoller Zusammenhänge zunimmt sich vertieft, nicht, dass es unter allzu vielen Tatsachen, die sie sich einprägen muss, leidet. Da sie sehr gerne lernt und Ideen austauscht, könnte die Schule eine glückliche Erfahrung für sie sein – besonders wenn sie Dinge studieren kann, die sehr umfassend und mit anderen Wissensgebieten verknüpft sind. Sie kann gut mit abstrakten Vorstellungen umgehen, und wahrscheinlich wird sie das Studium des menschlichen Wesens immer wieder aufs Neue faszinieren. Gruppendiskussionen und die Teilnahme am Unterricht sind wichtig für sie, ebenso das Erforschen neuer Ideen. Eine stark traditionell oder autoritär geprägte Atmosphäre im Klassenzimmer wird sie nicht nur langweilen, sondern könnte sie sogar mürrisch, schwierig und rebellisch werden lassen.

Sie mag während ihrer Schulzeit vielleicht nicht gerade ein akademisches Feuerwerk abbrennen, obgleich ihr Denken sehr tief und umfassend ist. Das liegt daran, dass sie sich oft ihrer Fähigkeiten nicht sicher ist und befürchtet, von anderen für dumm gehalten zu werden. Am glücklichsten wird sie sein, wenn sie beim Lernen sein Tempo selbst bestimmen kann und die Eltern sich möglichst wenig einmischen und keinen Druck auf sie ausüben. Ihre besten Leistungen wird sie erbringen, wenn man sie dazu ermutigt, die richtigen Mittel und Wege zum Ausdruck ihrer kreativen Ideen und Talente zu finden, statt von ihr zu verlangen, sich bei Schulaufgaben oder Prüfungen besonders hervorzutun.

Vor allem braucht sie Unterstützung bei ihrem Unternehmen, sich eine umfassendere Lebenseinstellung anzueignen. Wissen ist für sie ein wichtiges Mittel, um all die faszinierenden Verbindungen zwischen den verschiedenen Dimensionen des Lebens zu entdecken, denn für sie ist die ganze Welt in Wirklichkeit eine Bühne, und alle Menschen sind Schauspieler in diesem großen Theater. Wissen ohne Phantasie, Farbe und Aussicht auf künftige Möglichkeiten – mit anderen Worten, Tatsachen um ihrer selbst willen – werden für einen so phantasiebegabten und forschenden Verstand nicht sehr verlockend sein. Selbst wenn sie die Naturwissenschaften bevorzugt, wird sie sich vermutlich einer experimentellen Richtung zuwenden, weil sie hier viel mehr offene Türen finden kann. Sie hat ein ausgeprägtes intuitives Gespür dafür, wo ihre eigenen, individuellen Prioritäten liegen. Während ihrer Schulzeit wird sie am glücklichsten und produktivsten sein, wenn sie die Möglichkeit hat, auch zu spekulieren und zu träumen.

2. Auf der Suche nach dem großen Abenteuer

Ihr Geist ist wie ein Vogel, der, wie schön und angenehm es zu Hause auch sein mag, früher oder später in die Lüfte entschwinden wird, um neuen, fernen Horizonten zuzustreben – sei es im Geiste oder körperlich. Welche Schwierigkeiten sie während ihrer Kindheit auch erleben mag und welche Ängste sie auch durchstehen und überwinden muss, auf der tiefsten Ebene hat sie eine unstillbare Sehnsucht danach, das Leben als ein großartiges und inspirierendes Abenteuer zu erfahren, bei dem alle Schwierigkeiten in Wirklichkeit Gelegenheiten sind und jede denkbare Zukunft besser ist als das Bisherige.

Ihre besondere Empfindsamkeit für die verborgenen Wege des menschlichen Herzens wird dafür sorgen, dass sie mit der Tatsache verbunden bleibt, dass es so etwas wie eine größere Gemeinschaft der Menschheit gibt. Dies wird ihr später nicht nur helfen, ihren rastlosen Geist etwas im Zaum zu halten, sondern es wird sie auch in ihren Reaktionen auf andere sowie in ihren Zielsetzungen mitfühlend und einsichtsvoll machen. Wenngleich sich ihre Ziele im Laufe der Reise mehrfach ändern mögen, wird sie doch nie oberflächlich oder selbstbezogen sein. All ihre Streifzüge und Erkundungen werden nicht nur ihre eigene Weltanschauung erweitern, sondern auch ihr Verständnis für andere vertiefen und sie empfänglicher für deren Bedürfnisse machen.

Wenn es nur eine Erkenntnis gäbe, die ihre Eltern in Bezug auf sie zu ihrem eigenen Vorteil gewinnen sollten, so wäre es die, dass ihre ständig sich erweiternde Vorstellung vom Leben es ihr nie erlauben wird, sich einfach nur damit zufriedenzugeben, wie die Dinge sind oder schon immer waren. Auch tiefen emotionalen Bindungen und Sicherheitsbedürfnissen zum Trotz wird ihr Drang zu lernen, zu reisen und das Leben zu verstehen sie immer in Bewegung halten – und wenn andere sich weigern, sie auf ihrer inneren Reise zu begleiten, wird sie diese Menschen schließlich zurücklassen müssen. Um in einem Beruf oder bei einer Berufung Erfüllung zu finden, sollte es ihr die eingeschlagene Richtung erlauben, ihre Horizonte sowohl geistig als auch körperlich immer wieder zu erweitern, denn sobald sie ein bestimmtes Ziel erreicht, wird sie sich instinktiv nach einem neuen umsehen. Sie ist eine wirklich unerschrockene Forscherin – es bleibt nur zu hoffen, dass die Menschen, die sie lieben, nie auf ihren Zukunftsträumen herum trampeln werden.

MIX
Papier aus verantwortungsvollen Quellen
Paper from responsible sources
FSC® C105338

Printed by Books on Demand GmbH, Norderstedt / Germany